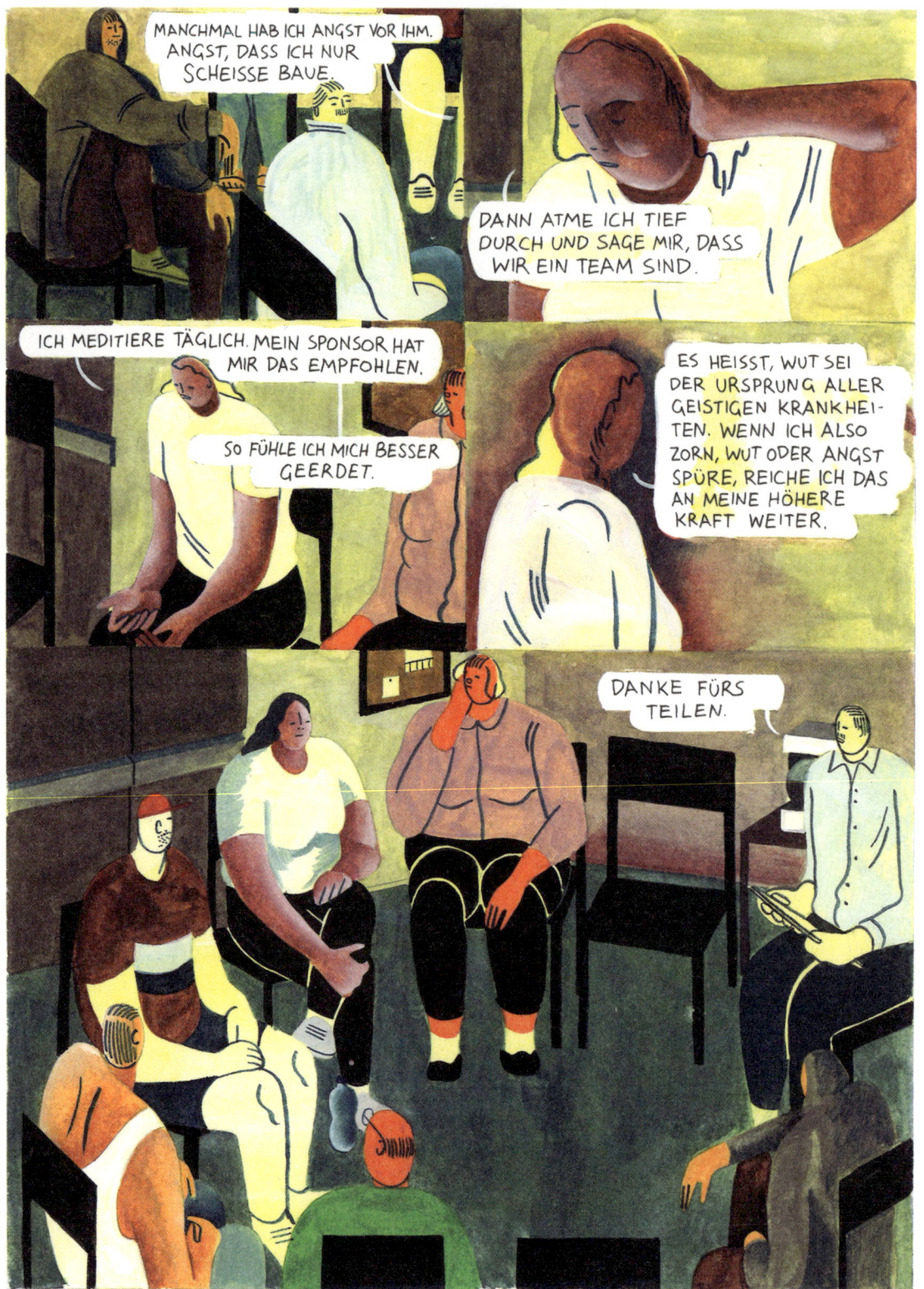

OK. ES WAR EINMAL EINE DRACHENFRAU NAMENS JUNO, SIE WAR GROSS UND SO ALT WIE DIE BERGE.

SIE HATTE EINE LANGE, FLIESSENDE MÄHNE, DIE SICH WIE FEDERN ANFÜHLTE UND WIE WASSER ÜBER IHRE SCHULTERN FIEL.

JUNO HATTE MILLIONEN VON SCHUPPEN IN ALLEN ERDENKLICHEN FARBEN.

* GÄHN

DER RHYTHMUS DER CHEMISCHEN KREISLÄUFE IM KÖRPER WIRD DURCH ELEKTROMAGNETISCHE SIGNALE DER ELEKTRONEN DER ERDE UNTERSTÜTZT.

ES REICHT, AM STRAND ÜBER SAND ZU GEHEN ODER AUF EINEM TAUFEUCHTEN RASEN ZU STEHEN. FÜR VIELE ~

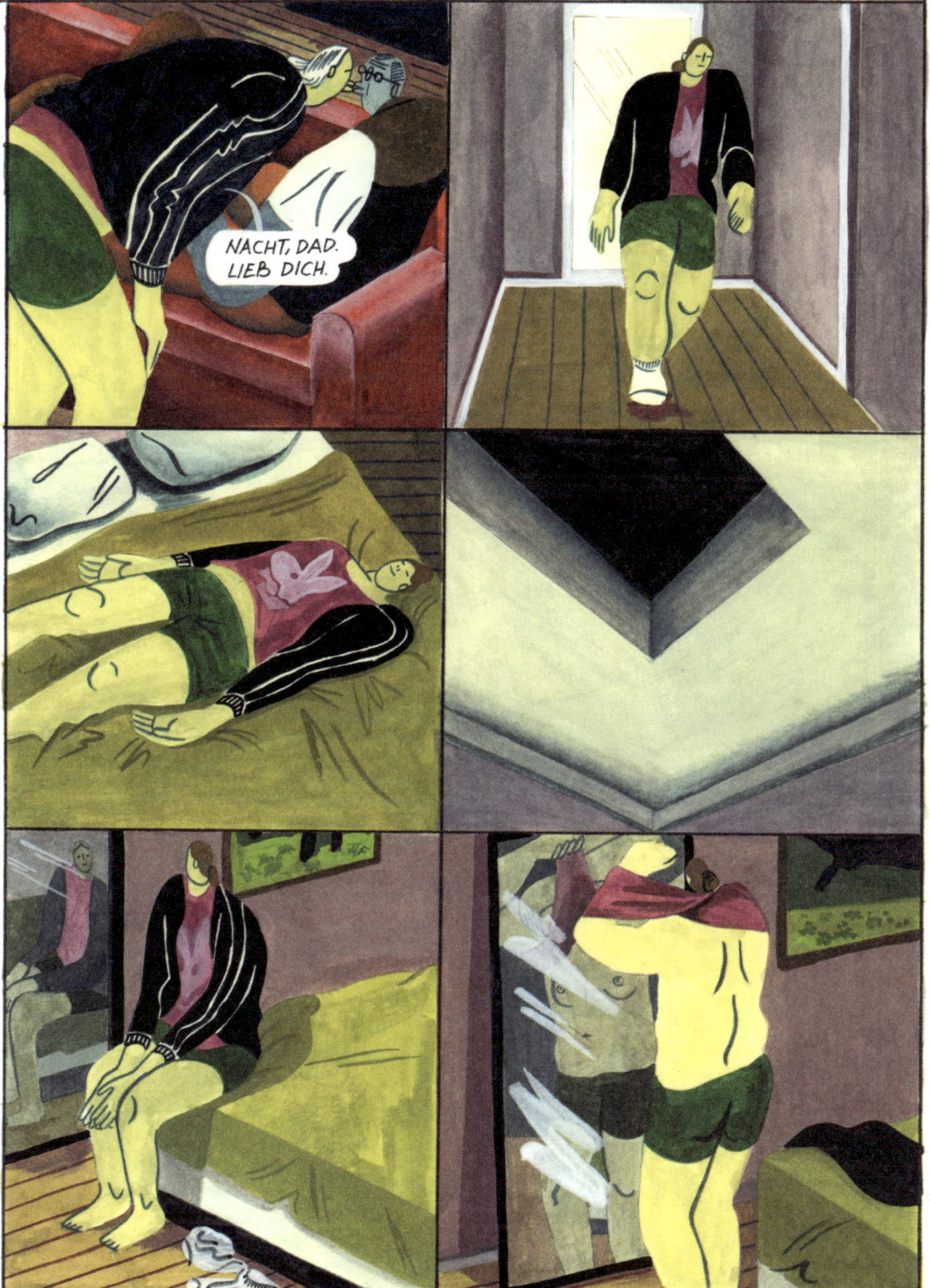

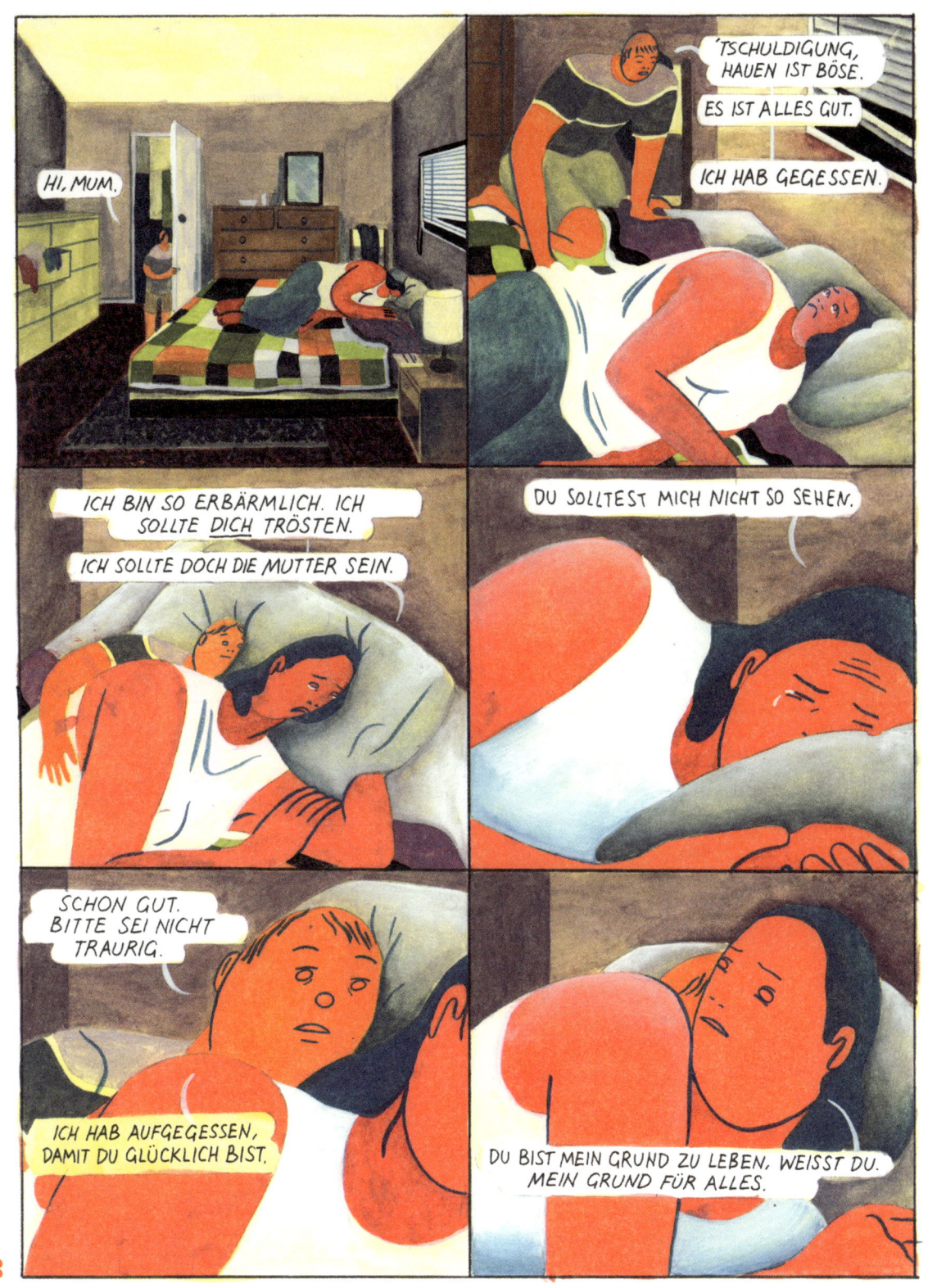

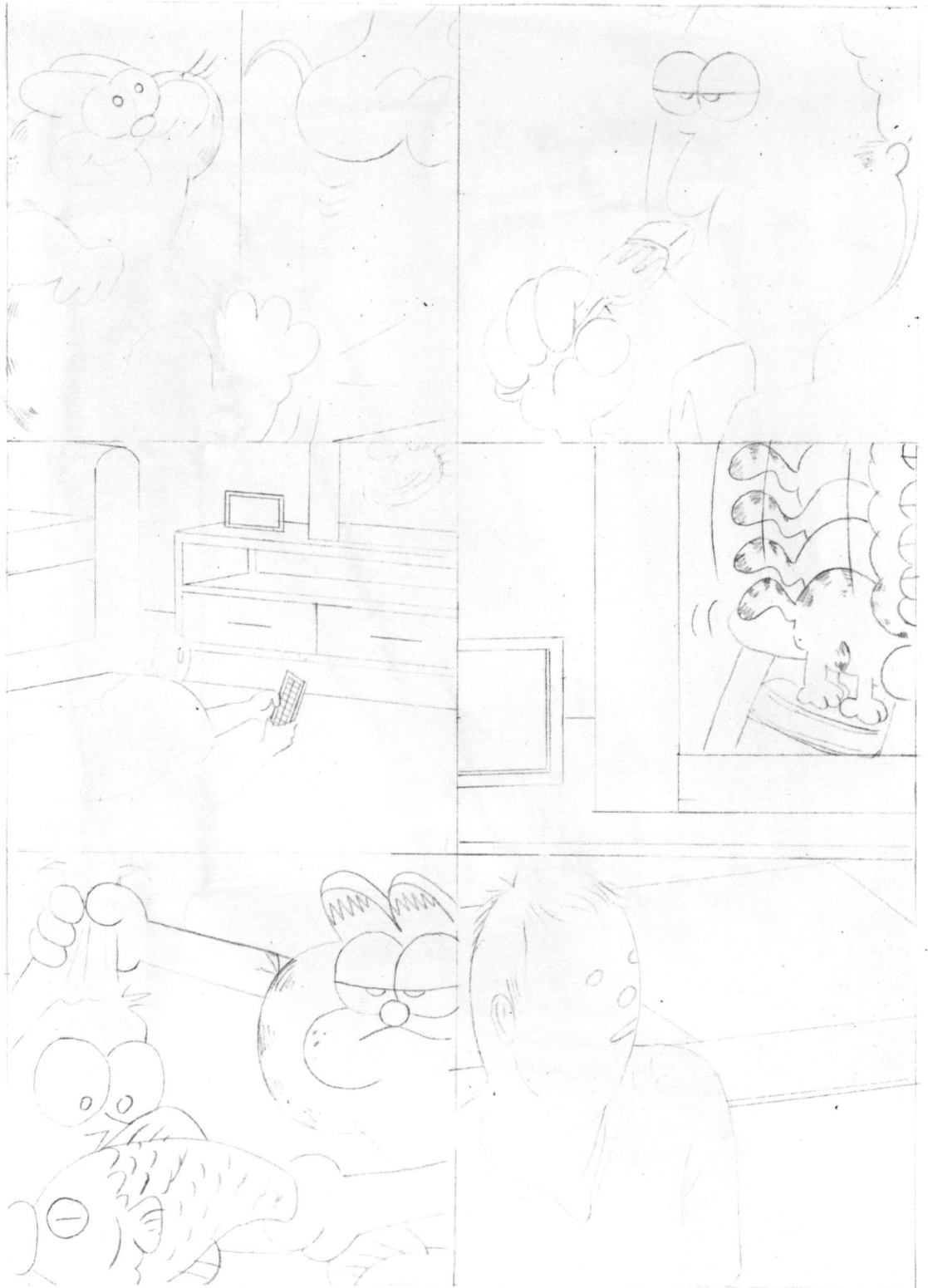

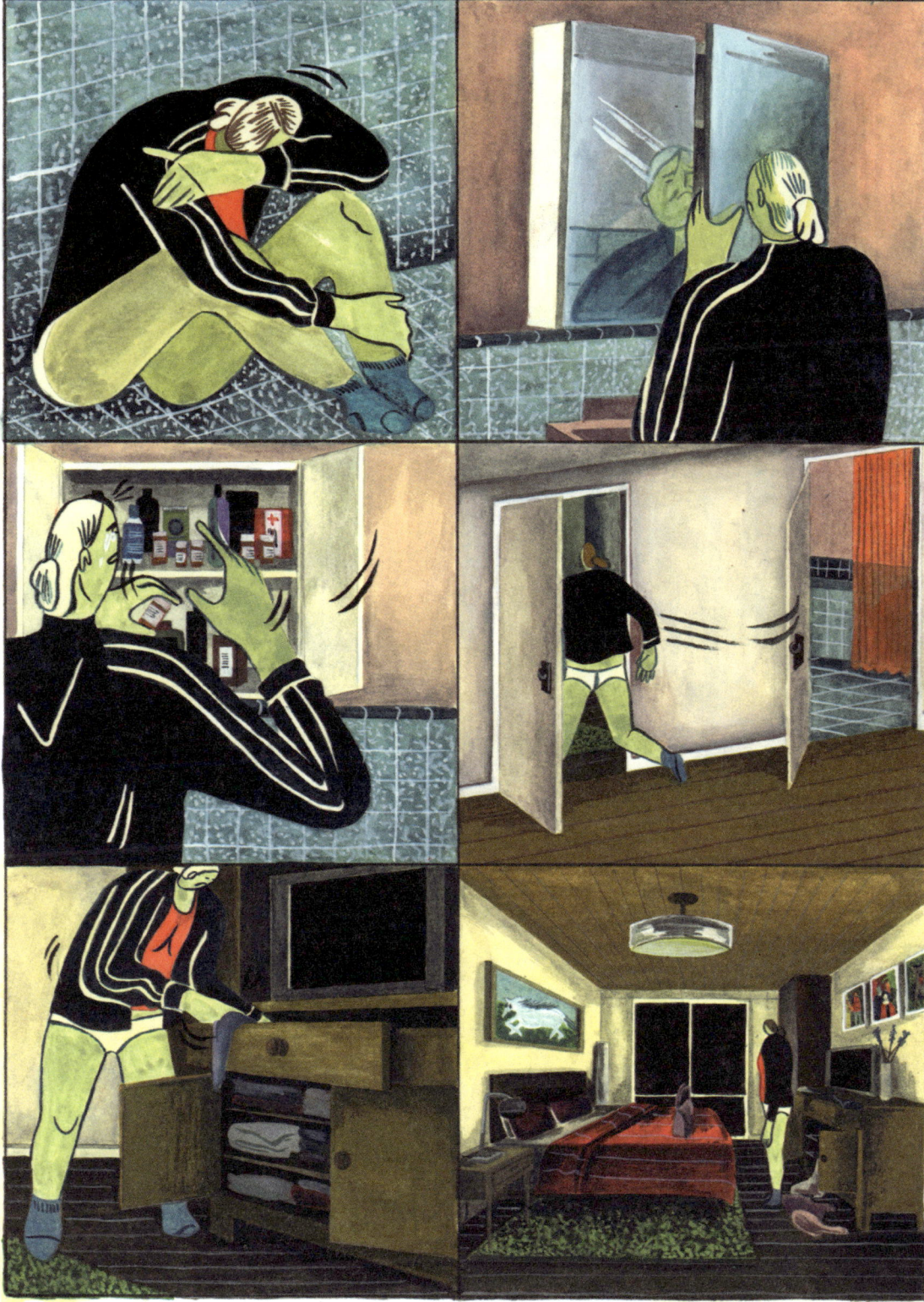